I0014188

Jorge E. Gomez Gomez
Velssy Hernandez R.
Helman Hernandez R.

Sistemas operativos de tiempo real para nodos sensores

Jorge E. Gomez Gomez
Velssy Hernandez R.
Helman Hernandez R.

Sistemas operativos de tiempo real para nodos sensores

Un análisis sobre los sistemas operativos Mantis OS, Contiki, TinyOS y SOS para redes de sensores y sistemas embebidos

Editorial Académica Española

Imprint

Any brand names and product names mentioned in this book are subject to trademark, brand or patent protection and are trademarks or registered trademarks of their respective holders. The use of brand names, product names, common names, trade names, product descriptions etc. even without a particular marking in this work is in no way to be construed to mean that such names may be regarded as unrestricted in respect of trademark and brand protection legislation and could thus be used by anyone.

Cover image: www.ingimage.com

Publisher:
Editorial Académica Española
is a trademark of
Dodo Books Indian Ocean Ltd. and OmniScriptum S.R.L publishing group

120 High Road, East Finchley, London, N2 9ED, United Kingdom
Str. Armeneasca 28/1, office 1, Chisinau MD-2012, Republic of Moldova, Europe
Managing Directors: Ieva Konstantinova, Victoria Ursu
info@omniscriptum.com

ISBN: 978-3-659-07775-3

Copyright © Jorge E. Gomez Gomez, Velssy Hernandez R., Helman Hernandez R.
Copyright © 2013 Dodo Books Indian Ocean Ltd. and OmniScriptum S.R.L publishing group

Jorge E. Gómez Gómez

Velssy L. Hernández Riaño

Helman Hernandez Riaño

SISTEMAS OPERATIVOS DE TIEMPO REAL PARA NODOS SENSORES

RESUMEN

El Objetivo de este documento es ofrecer una visión general de los sistemas operativos empotrados MANTIS OS, SOS, TinyOs y Contiki, que son utilizados en los nodos de sensores inalámbricos. En primer lugar se aborda el sistema operativo Mantis OS para redes Multimodales, ubicadas en un micro nodo sensor. Las metas del sistema operativo MANTIS es soportar características útiles pero más sofisticadas, incluyendo la reprogramación dinámica de nodos sensores vía inalámbrica, la depuración remota de nodos sensores y creación de prototipos virtuales multimodales y despliegue de nodos sensores. En segundo lugar se describirá las funcionalidades de los módulos binarios de SOS, que están en posición independiente e implementan una tarea o función específica. La mayor parte del desarrollo ocurre en la capa de módulos, incluyendo el desarrollo de manejadores, protocolos, y componentes de aplicación. La modificación al núcleo de SOS se requiere cuando la capa baja del hardware o manejo de recursos deben cambiarse. En tercer lugar se aborda TinyOS en donde se comenta a cerca del planificador que puede ejecutar tareas en cualquier orden, pero debe obedecer a la regla de espera a que termine. En cuarto lugar se habla un poco sobre el sistema operativo Contiki y sus características para redes de sensores e internet de objetos. En el documento se presentan las conclusiones a las que se llega luego de analizar los diferentes tipos de sistemas operativos. Finalmente se presenta una experiencia de emulación de lectura de sensores a través de RTLinux.

Tabla de contenido

INTRODUCCIÓN

Un sistema operativo es un software, que se encarga de administrar eficientemente los recursos de un sistema de computo, llámese a este una computadora, una tableta, un teléfono inteligente o un sistema empotrado que requiera del control de las entradas, salidas, procesamiento y almacenamiento. El sistema operativo tiene el control sobre los recursos del dispositivo, ahora bien un sistema operativo de tiempo real es aquel que administra como su nombre lo dice "Tiempo Real", operaciones críticas dentro de un sistema embebido o en un sistema de cómputo. Las aplicaciones para los sistemas operativos de tiempo real vienen definidas en el manejo crítico de las acciones como es la planificación de tareas y la ejecución dentro del microprocesador de los dispositivos. De ahí la importancia de estos sistemas debido a que tiene control de la administración de las tareas y su planificación, para que estas no entren en conflicto y ejecuten las tareas que deben hacer como es la lectura de datos (monitoreo de variables ambientales) que luego de ser adquiridas el sistema operativo debe tomar la decisión para enviarla a el nodo más cercano de acuerdo a los algoritmos de enrutamiento que tenga configurada. De igual forma el manejo eficiente del consumo de energía, estos sistemas operativos de tiempo real deben ser conscientes de que el dispositivo debe dormir y despertar en los tiempos prestablecidos, para el ahorro de energía que es un factor crítico en las redes de sensores.

A través de este documento se describirán las características de cuatro sistemas operativos para redes de sensores inalámbricos (Mantis OS, SOS, TinyOS y Contiki), cuyo objetivo es básicamente la eficiencia en el procesamiento y el menor coste de energía, debido a que una de las grandes limitaciones que poseen las redes de sensores inalámbricas es precisamente el consumo de energía. En la medida que se minimicé el consumo mucho más eficiente será la red sensora. Cabe anotar que los siguientes sistemas operativos son empotrados y son de propósito general. Inicialmente se empezará haciendo un análisis de MANTIS OS, el cual es uno de los mejores sistemas operativos para sistemas empotrados, se describirá el funcionamiento del núcleo, el planificador y la arquitectura.

Seguidamente en el documento se describirá el sistema operativo SOS, las características, el núcleo, la arquitectura y el planificado, después se describirá el sistema operativo TinyOS, su arquitectura, el núcleo y el planificador y finalmente el sistema operativo Contiki.

CAPITULO I

En este capítulo se describirá las funcionalidades del sistema operativo Mantis OS y su potencial en la WSN.

Una red de sensores inalámbrica es un conjunto de nodos sensores que se interconectan de forma inalámbrica a través de protocolos de comunicación, donde el protocolo de facto en todos estos dispositivos el TCP/IP. Cada nodo sensor tiene un sistema de procesamiento, almacenamiento y de comunicación, que le permite comunicarse con otros nodos sensores a través de una pasarela o Gateway. Uno de los factores críticos en una red de sensores es la administración de la energía, debido a que son dispositivos muy pequeños y operan en su gran mayoría con baterías. El gran problema que enfrentan los nodos sensores es el consumo de energía cuando se comunican, bien sea porque hay problemas para comunicarse con un nodo adyacente o con una estación base. Otra gran limitación que tienen las WSN es topología que puede variar entre red en estrella, árbol y malla. Cada nodo tiene la capacidad de comunicación con cada otro nodo de forma inalámbrica, por lo tanto un nodo sensor tiene varios componentes: un transceptor de radio con una antena que tiene la capacidad de enviar o recibir paquetes, un microcontrolador, que podría procesar los datos y programar tareas relativas. Una de las estrategias que emplea un nodo sensor minimizar el consumo es el que se puede apreciar en la figura Nro 1 y en la tabla Nro 1.

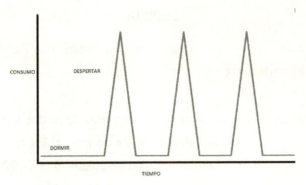

Figura Nro. 1. Estado de un nodo sensor

Estados de un sensor

Estado del Nodo	Descripción
Sleep	Se mantiene de esta forma la mayor parte del tiempo con el objeto de ahorrar energía
Wakeup	Minimiza el tiempo para pasar rápidamente al estado de trabajo.
Activo	Mínimo período de tiempo de trabajo y retorna inmediatamente al estado Sleep.

Tabla 1: Estado de un sensor

Básicamente la estrategia consiste en permanecer la mayor parte del tiempo dormido con la misión de ahorrar energía, se pone en estado despertar cuando se requiere que se active para que realice una lectura y transmita la información.   Frente a las limitaciones de anchos de banda, memoria, CPU y topologías dinámicas; los sistemas operativos de tiempo real son conscientes de esas limitaciones y plantean soluciones como la administración dinámica de memoria, la carga y descarga de módulos en tiempo de ejecución, el manejo de hilos de ejecución, la planificación y la multitarea. Con el objetivo de minimizar el consumo de los recursos de los nodos sensores. En este y los próximos capítulos se describirá la forma en la cual los sistemas operativos de tiempo real para redes de sensores inalámbrica resuelven los problemas de optimización del manejo de los recursos.

1. MANTIS OS

1.1.1 Qué es MANTIS OS?

Es un sistema operativo multhilos, liviano, eficiente y económico en consumo de energía. Para redes Multimodales, ubicadas en un micro nodo sensor. El Kernel está habilitado para ejecutar múltiples hilos con prioridades en la ejecución del planificador, con sincronización estándar I-O y una pila de protocolos de red. Todo con menos de 500 bytes en memoria RAM, no incluye hilos en pilas de tamaño individual. MANTIS OS esta diseñado para suministrar soporte a múltiples plataformas a través de PC´s, Tablet´s y a una buena variedad de plataformas de hardware para micro sensores. Por ejemplo MANTIS OS normalmente soporta el MICA2[1] y el MANTIS nymph [2]. MANTIS OS, también busca proveer herramientas de fácil despliegue en redes de sensores.

En aras de lograr soportes para múltiples plataformas, MANTIS OS fue diseñado para controlar las propiedades de un lenguaje de programación estándar portable, en este caso el lenguaje de programación es C. El sistema operativo habilita el código de la aplicación para ejecutarse sobre una variedad de plataformas, disponibles desde PC´s a tablet´s. y diferentes plataformas de micro sensores. El código de la aplicación puede ser primero probado en un nodo de sensor virtual, ejecutado desde un computador personal o una

Tablet, suministrado por la misma API que fue guardada sobre el nodo micro sensor.

MANTIS esta diseñada para suministrar gestión remota avanzada de capacidades para redes de sensores en su lugar de origen. Con respecto a esta finalidad, las metas del sistema operativo MANTIS es soportar características útiles pero más sofisticadas, incluyendo la reprogramación dinámica de nodos sensores vía inalámbrica, la depuración remota de nodos sensores y creación de prototipos virtuales multimodales y despliegue de nodos sensores.

1.1.2 Aplicaciones y API´s

MANTIS proporciona un entorno propicio para crear aplicaciones de WSN. Cabe anotar que MANTIS OS es un software de código abierto y de libre distribución. Que el programador esta en capacidad de mejorar los métodos y funciones que vengan implementado en el. A continuación se muestra un ejemplo sencillo de la aplicabilidad de la programación en MANTIS.

El programa es compacto y requiera un aprendizaje bastante básico con respecto a la curva para los programadores de C. Experiencia empírica temprana con MANTIS OS sugiere que los desarrolladores de aplicación puede rápidamente crear nuevos prototipos de aplicaciones en este entorno.

1.1.3 Categorización de algunas API´s

- *Networking*: **com send, com recv, com ioct, com mode**
- *On board sensors (ADC)*: **dev write, dev read**

- *Visual Feedback (LEDs):* **mos led toggle**
- *Scheduler:* **thread new** (puede no ser usado)

1.1.4 El Kernel y el planificador

El diseño del núcleo de MANTIS OS se asemeja el estilo de UNIX, planificador clásico. Los servicios suministran un subconjunto de hilos POSIX, más notablemente en la planificación de hilos por prioridad[3] con semántica de ronda circular (roundrobin) dentro de un nivel de prioridad. Binario (mutex) y semáforos de conteo. El objetivo del diseño del núcleo de MANTIS OS es poner en práctica estos servicios familiares en cierto modo eficiente, suficiente para ambientes de recursos limitados de un nodo de sensor.

Lo más limitado sobre un nodo MANTIS son los recursos de memoria RAM. Hay dos secciones lógicamente distintas de la RAM: el espacio para variables globales que se distribuyen en tiempo de compilación, y el resto de la RAM que es manejada como una pila. Cuando un hilo es creado, el espacio de pila es distribuido por el núcleo fuera de la pila. El espacio es recuperado cuando el hilo existe. En el curso de la implementación, el usuario no asigna dinámicamente espacio en la pila, aunque eso fue una decisión del API y no es una limitación inherente del sistema operativo. Esta limitación es impuesta porque existe limitación de memoria, esto es importante debido a que de debe tener una buena planificación y una política de administración coherente de la memoria.

La principal estructura de datos del núcleo es una tabla de hilo, con una entrada por hilo. Desde la tabla de hilo es distribuida de modo estático, allí son fijados el número de hilos y un nivel fijo de la memoria de cabecera. La máxima cuenta de hilo es ajustable en tiempo de compilación (el valor por defecto es 12). Cada tabla de entrada de hilo es de diez bytes y contiene un apuntador a la pila actual, la información del límite de la pila es el apuntador base y tamaño. Un apuntador a la función de iniciador de los hilos, el nivel de prioridad de los hilos, y el hilo apuntador para usar el enlace con la lista. Nota los apuntadores en el microcontrolador de AVR, es solo de dos bytes. Un hilo de contexto actual, que incluye guardar valores de registro, que son guardados en su pila cuando es suspendido temporalmente. Esto es significativo, porque el contexto es mucho más grande que una tabla de entrada hilos, y necesita ser guardado sólo cuando el hilo es distribuido. Así el consumo estático de la tabla de hilo son sólo 120 bytes.

El núcleo también mantiene listo la lista del apuntador de la cabeza y la cola para cada nivel de prioridad (5 por defecto, por 20 bytes en total). Manteniendo ambos punteros permiten rápida adición y borrado, que mejoran la ejecución al manipular listas de hilos. Esto es importante porque esas manipulaciones son frecuentes y siempre con interrupciones deshabilitadas. Existe también un flujo de apuntadores de hilos (2 bytes), un byte de interrupción de estado, y un byte de banderas. Los límites estáticos en total para el planificador son de 144 bytes.

Los semáforos en MANTIS OS son estructuras de 5 bytes que son declarados como necesarios por la aplicación, que contienen un byte de cierre o un byte de conteo, con lista de punteros de cabeza y cola. En cualquier tiempo, cada distribución del hilo es un miembro de una lista exacta; o una de las listas de semáforo. Las operaciones de semáforos se mueven entre los apuntadores de los hilos en una lista, y los ciclos del planificador a través de las listas para establecer la ejecución del próximo hilo.

El planificador recibe un tiempo de interrupción del hardware para disparar cambios de contexto; los interruptores pueden ser disparados por el sistema de llamadas u operaciones de semáforo. El contador es el único manejador para el núcleo de las otras interrupciones que son enviadas directamente a los manejadores dispositivo [4] asociados. Sobre una Interrupción un manipulador de dispositivos típicamente informa a un semáforo con el fin de activar un hilo que espera, y este hilo maneja cualquier evento causado por la interrupción. No son normalmente blandas las interrupciones soportadas por el núcleo del sistema operativo MANTIS, aunque el diseño no excluye adición de características. La división del tiempo es configurable, y tarda aproximadamente 10 MS.

Además de los hilos de manejo e hilos de usuario, existe también un hilo ocioso creado por el núcleo en el arranque. El hilo ocioso tiene prioridad baja y corre cuando los otros hilos son bloqueados.

1.1.5 Pila de red y capa de comunicación

La red inalámbrica es crítica para la operación correcta de una red de sensores. Tal comunicación es típicamente comprendida como una capa de pila de red, no para ser confundido con la pila de hilos. El diseño de la pila de red de MANTIS es enfocado en uso eficiente de memoria limitada, flexibilidad, y conveniencia. La pila es implementada como unos o más hilos de nivel de usuario, una pila de red a nivel del usuario habilita experimentación fácil con la pila de red en el espacio de usuario, también habilita la creación de prototipos en plataformas cruzadas de la red, en la pila funcional en las pc X86 antes del despliegue en una WSN.

Las diferentes capas pueden implementarse de manera flexible en hilos diferentes, o todas las capas en la pila pueden implementarse en un hilo. El intercambio es entre la ejecución y la flexibilidad. La pila está diseñada para minimizar el buffer de memoria distribuido entre las capas.

El cuerpo de datos para un paquete pequeño es común para todas las capas dentro de un hilo. De este modo, la pila de red evita la copia de datos y se asemeje al acercamiento de copia de cero de TinyOS y copia un sockets 0.

La pila soporta 3 capas por encima, que son la capa de enrutamiento, la capa de transporte y la capa de aplicación. El soporte del protocolo MAC es ejecutado por la capa de comunicación la cual está localizada debajo de la copa del SO, distinto y debajo de la pila de red a nivel del usuario. La capa de comunicación de MANTIS OS proporciona una interfaz unificada para los manejadores de dispositivo de comunicaciones (para interfaces como RS232, USB, o dispositivos de radio). La capa de comunicación, también administra paquetes de buffers y funciones de sincronización. La red o aplicaciones de hilos que interactúan con los dispositivos de comunicaciones por cuatro funciones:

- *com send*
- *com recv*
- *com mode*
- *com ioctl.*

Cuando com_send es llamado el hilo envía a la red o talvez a un hilo de aplicación, una llave a un apuntador para un buffer de paquete, llamado comBuf. La capa de comunicación bloquea el envió del hilo y la llave del apuntador para la especificación del manejador del dispositivo. Mientras el manejador del dispositivo puede ser implementado como un hilo, la implementación típica es en los términos de la interrupción del manejador del estado de la máquina. Este estado de la máquina procede a enviar el paquete a través del dispositivo del hardware y es enviando al hilo cuando el estado de la máquina alcanza a completarse.

Mientras envía puede ser sincrónico, cuando está recibiendo debería suceder en la base aun cuando un hilo de red o aplicación no está haciendo una llamada de *com_recv*. La memoria recibe pequeños paquetes de este modo de gestión por la misma capa de comunicación, mediante un número de buffer de comunicación propio. El manejador de dispositivos puede solicitar buffer de comunicación, el cual es distribuido al dispositivo. Una vez obtenido el buffer de comunicación, el manejador del dispositivo puede llenar a este con el pequeño paquete, como se dirige en su interrupción de máquina de estado. Cuando la recepción del paquete está completa, el manejador del dispositivo llama com_swap_bufs, el cual intercambia el buffer de comunicación lleno por el vacío. Los paquetes completos son bufferes ordenados por la capa de comunicación.

Cuando un hilo llama a com_recv, este es bloqueado hasta completar el buffer de comunicación sobre el especificado dispositivo que está disponible, para que cronometre un apuntador que retorna un buffer de comunicación. Desde la recepción del hilo que ahora posee un buffer que fue distribuido por la capa de comunicación, este es llamado por com_free_buf cuando este es finalizado con el buffer, este avisa a la capa de comunicación para que el buffer pueda ser reutilizado. La llamada extra a un buffer libre es más compleja para hilo receptor, pero estos permiten que la capa de comunicación suministrar servicios de copias de cero verdaderas. También porque la capa de comunicación es manejada completamente por un manejador de interrupciones, la capa de comunicación permite obtener cero, el cual es eficiente para el consumo de energía.

Además de enviar y recibir funciones, la capa de comunicación proporciona llamada de modo ioctl. El modo de llamado es usado para encender o apagar el dispositivo cuando lo necesite. El protocola de la capa de MAC esta ubicado dentro del manejador de dispositivo para radio, el cual es hospedado en la capa de comunicación. La capa MAC es la responsable del control de aspectos como el ciclo de trabajo de la red, donde el radio se duerme para ahorrar consumo de energía, y transmite el control de potencia. La capa de MAC flexiblemente soporta comunicación de radio multi-frecuencias sobre 30 canales, habilitando búsquedas en el diseño del protocolo MAC, seguridad y fiabilidad. Un rango flexible de paquetes es soportado, con un máximo de 64 bytes. Una versión temprana del protocolo de MAC soportó retrocesos aleatorios, mientras que la versión actual del MAC soporta TDMA para las topologías de estrella. MANTIS OS soportará CSMA en un futuro próximo, adoptando y aumentando SMAC y/o BMAC[5].

Las capas inferiores de la pila de red, incluyendo MAC y las capas físicas, que ocupan cerca de 64 bytes del total de la RAM para soportar tres interfaces de comunicación, es decir el radio, enlace de serie y interfaces de retroceso. Por lo tanto los buffers de RAM adicionales deben distribuirse para almacenar datos de paquetes. Así el buffer de comunicación está distribuido en 64 bytes por buffer, con unos tres

16

bytes adicionados de cabecera por buffer. Seguidamente cinco búferes son distribuidos; sin embargo el plan es distribuir más búferes en toda la RAM. Desde estos búferes se estará pasando directamente a las aplicaciones. Una cantidad pequeña adicional del espacio es consumida por parámetros de configuración de bajo nivel para el radio de CC1000, con módulos para una emisión que inundan la asignación de protocolos de enrutamiento y una parada simple en espera del protocolo que es suministrado por MANTIS OS. El nivel de red emite la inundación añadida a unos treinta bytes adicionales de la RAM. El tamaño de la pila de red a nivel del usuario dependerá de la complejidad del protocolo que el usuario desee para la ejecución. En conjunto, la pila de red consume menos de 200 bytes de la RAM.

1.1.6 Instalación de MANTIS OS

MANTIS OS en su página web provee un instalador. Después de la descarga del instalador le preguntará a cerca de las características de instalación incluyendo la opción de manti-0.9.5. De igual forma le permitirá instalar el entorno de Cygwin UNIX.

Para más información consultar este link.
http://mantisos.org/index/tiki-index.php%3Fpage=Downloads.html

CAPITULO II

En este capitulo se describirá las funcionalidades del sistema operativo SOS para sistemas empotrados y su potencial en la WSN.

2. SOS

2.1 Qué es SOS?

SOS es un sistema operativo motes de redes de sensores inalámbricas, desarrolladas por la red y laboratorio (NESL) de sistemas empotrado [6]. SOS, usa un núcleo común que cumple enviando como mensaje, memoria dinámica, carga y descargas de módulos, y otros servicios. SOS usa módulos de software con dinamismo cargados para crear un sistema que apoya adición dinámica, transformación, y remoción de servicios de red.

La reconfiguración dinámica es uno de los motivos y metas de SOS. El dominio de las redes de sensores inalámbricas, la reconfiguración es la habilidad para modificar el software sobre nodos de sensores individuales después que se halla desplegado e inicializado la red. Este suministra la habilidad para incrementar la actualización de la red de sensores después de ser desplegada, adiciona nuevos módulos de software al nodo sensor después de su despliegue, y remueve módulos de software que no son usados cuando por mucho tiempo no se necesitan.

Crear un sistema expresivo que proporciona a los programadores con necesidades comunes de servicio es la meta fundamental para *SOS*. Muchas aplicaciones de red de sensor necesitan acceso a las mismas primitivas de de alcance de las piscina para datos fáciles que empaquetan el manejo de la aplicación, diagnóstico de los servicios de la red tales como descubrimiento de vecinos.

2.2 Arquitectura del SOS

Además de las técnicas tradicionales usadas en diseño de sistema empotrado, el núcleo de SOS se caracteriza por módulos de enlace dinámico, planificación de prioridad flexible, y un subsistema de memoria dinámica simple. Estos servicios de núcleo ayudan a soportar cambios después de despliegue, y proporcionan un a nivel más alto al API liberando a los programadores de manejar servicios fundamentales o re implementación de abstracciones populares. La mayor parte de la aplicación de red de sensor y desarrollo de protocolo ocurre en módulos que esta ubicada sobre el núcleo. La mínima aplicación de red de sensor significativa usando SOS consiste de un módulo de detección y asignación de ruta simple del módulo del protocolo encima del núcleo.

2.3 Los Módulos en SOS

Los módulos binarios están en posición independiente que implementan una tarea o función específica. La mayor parte del desarrollo ocurre en la capa de módulos, incluyendo el desarrollo de manejadores, protocolos, y componentes de aplicación. La modificación al núcleo de

SOS se requiere cuando la capa baja del hardware o manejo de recursos deben cambiarse. Una aplicación en SOS está compuesta de uno o más módulos que interactúan. Contiene su misma posición independiente de los módulos que usan mensajes limpios y funciones de interfaces para mantener la modularidad a través del desarrollo y dentro del despliegue. El desafío principal al desarrollar SOS fue mantener la modularidad y seguridad sin incurrir en sobre costos memoria debido al acoplamiento de módulos sueltos

2.4 Estructura de los Módulos

SOS mantiene una estructura modular después de la distribución e implantación de los módulos con una buena definición y puntos generalizados de entrada y salida. El flujo de ejecución entra a un módulo desde dos mecanismos de entrada: mensajes transmitidos por el planificador y llamadas a funciones registradas por el módulo para uso externo.

La manipulación de mensaje en módulos es implementada usando un módulo de función operador. La función operador toma como parámetros el mensaje que es dado y el estado del módulo. Todos los módulos envían mensajes los operadores que deben implementarse en las funciones operadoras para el inicio y final del mensaje, envían mensajes producidos por el núcleo durante la inserción del módulo y remoción, respectivamente. El operador del mensaje de inicio pone el estado inicial del módulo incluyendo cronómetros periódicos iniciales, registro de función, y suscripción de función. El operador del mensaje final libera todos los recursos de nodo incluyendo cronómetros, memoria, y registra funciones. El módulo operador de mensajes también procesa los mensajes de módulos específicos incluyendo operadores de disparadores de cronómetros, lecturas de sensores, y mensajes de datos entrantes enviados por otros módulos o nodos.

2.5 Módulo de interacción

La interacción con los módulos ocurre vía mensajes, llama a funciones registradas por un módulo mediante un sistema de llamadas en el núcleo. El límite para cada una de las interacciones esta en la tabla 1 se observa se puede apreciar los ciclos del reloj, dependiendo de los métodos de comunicación:

Métodos de comunicación	Ciclos de reloj
Publicar Mensaje referencia a los datos internos	271
Publicar Mensaje referencia a búfer externo	252
Envío de mensaje al planificador	310
Llamada al función de registro por un módulo	21
Llamada usando tabla de saltos de sistema	12
Llamada a la función directa	4

Tabla 1: Ciclos necesarios para diferentes tipos de comunicación a módulos cuando corren desde SOS

La función registro y la función y la función suscripción son el mecanismo que usa SOS para suministrar comunicación directa entre módulos [7, 8] y actualiza las llamadas desde el núcleo hacia los módulos. Cuando las funciones registran claramente con el núcleo del sistema operativo, un módulo informa al núcleo en donde su imagen binaria está implementada la función. El registro se hace a través de un sistema de llamadas ker_register_fn .

Una función control de bloqueo (FCB) usada para almacenar claves de información a cerca de funciones registradas que son creadas por el núcleo del sistema operativo e indexado en una tupla (módulo ID, función ID)

El FBC incluye una bandera valida, un suscriptor de conteo de referencia, e información de prototipo. La información codificada del prototipo almacenado, ambos tipos básicos de información y si un parámetro contiene memoria dinámica que necesita sufrir unos cambios de propiedad.

2.6 Módulo de inserción y remoción

Cuando el protocolo de distribución escucha un anuncio para un módulo, verifica si el módulo es una versión actualizada de un módulo ya instalada en el nodo, o si el nodo se interesa en el módulo y tiene libre la memoria de programa para el módulo. Si sobre dos condiciones es verdadero, el protocolo de distribución comienza a descargar el módulo e inmediatamente examine el metadato en la cabecera del paquete. El metadato contiene la identidad única para el módulo, el tamaño de la memoria requerido para almacenar el estado local de la información de módulo, e información de la versión usada para diferenciar una nueva versión de módulo. La inserción de módulo es inmediatamente abortó por el núcleo de SOS, encuentra que no puede distribuir memoria para el estado local del módulo.

Un vinculador de script es usado para poner la función operador para un módulo conocido o equivalente durante la compilación, permitiendo fácil vinculación durante la inserción del módulo. Durante la inserción de módulo una estructura de datos del núcleo por el único modulo ID incluido en el metadato, es creado y almacenado para almacenar direcciones absolutas del operador, un puntero a la memoria dinámica que tiene el módulo d estado y la identificación del módulo. Finalmente el núcleo del SOS invoca al operador del modulo para planificar un mensaje inicial para el módulo.

El protocolo de distribución usa al notificador y propaga imágenes del módulo a través de la red que es independiente del núcleo del sistema operativo. SOS normalmente usa una suscripción de protocolo.

2.7 Modos potenciales de fallas

La habilidad para adicionar, modificar y remover módulos desde un nodo sensor que está corriendo, introduce un número de modos de potenciales fallas que no son vistos en un sistema estático. Esto es importante porque suministra al sistema robustez ante una potencial falla. Mientras este activa bajo un área de trabajo. El sistema suministras algunos mecanismos para minimizar el impacto de la potencial falla que puede resultar de unos sistemas con cambios dinámicos. Estos mecanismos establecen el error en una variable global para ayudar a informar al módulo cuando ocurra un error, permitiendo a un módulo de manipulación de errores como este se debe ajustar.

Dos modos potenciales de fallas son el intento o descarga de un mensaje del planificador aun módulo que no existe o a un nodo, y liberando un mensaje a un manipulador que no esta habilitado para tratar el mensaje. En el primer caso, SOS simplemente deja el mensaje direccionado a un módulo no existente y libera dinámicamente la distribución de memoria. Este último caso es resuelto por los módulos individuales, que puede escoger políticas a la medida para qué hacer con los mensajes que no pueden manejar. La mayor parte de los

23

módulos simplemente dejan caer estos mensajes, retornan un error de codificación, y mandan al núcleo para que éste distribuya dinámicamente la memoria en el mensaje que tiene perdido o cambia de propietario. Los modos de falla más interesantes emergen a causa de las dependencias de módulos intermedios que se derivan de llamadas de función directas entre los módulos, incluyendo: implementación incorrecta de una función que existe, una ejecución de una función fue removida, una ejecución de una función cambiada, o las implementaciones múltiples de una función sencilla existente.

La solicitud de suscripción de un módulo es exitosa si allí existe un FCB (Bloque de control de archivos), que está marcado como válido y tienen el mismo ID de módulo, función ID y prototipo como en la suscripción. De otra manera la solicitud de suscripción fracasa y el módulo tiene libertad para manejar esa falla de dependencia como quiera. Las acciones normalmente tomadas por varios módulos, incluyendo cancelación e inserción de módulos, fijando la hora de un intento posterior para suscribirse a la función, y continuando para ejecutar con funcionalidad reducida

2.8 Planificando de mensajes en SOS

SOS usa planificación cooperativa para compartir el procesador ente múltiples líneas de ejecución por colas de mensajes después de la ejecución. El sistema operativo implementa colas por prioridad, el cual sirve como respuestas a interrupciones de servicios operando afuera de una interrupción de contexto y más soporte general pasando parámetros de componente. Para evitar integrar ajustadamente módulos que manejan cuidadosamente búferes compartidos, un resultado de la inhabilidad para pasar parámetros a través de mecanismos de mensajería, en el sistema operativo la mensajería esta diseñada para manipular pasos de mensajes. Para mitigar escape de memoria y simplificar la contabilidad. El sistema suministra un mecanismo para el rescate de los cambios en datos de propietarios cuando dinámicamente es distribuida la memoria es pasada entre módulos. El propósito de este diseño resulta cambiando una o más expresiones de mecanismos de planificación a costa de una planificación más costosa en ciclos.

El mensaje de cabecera es estructurado en una cola. La información que es incluida en un mensaje de cabecera incluye fuente completa e información de destino, permitiendo directamente al sistema operativo insertar a la red mensajes dentro de la cola de mensajes. El mensaje lleva un puntero al dato cargado usado para transferir parámetros simples y datos más complejos entre módulos. La cabecera suministra un una solución óptima a este caso común, pasando unos pocos bytes de datos entre datos que incluyen un pequeño buffer en el mensaje de cabecera a el dato cargado que puede ser redireccionado. El mensaje de cabecera también incluye una serie de banderas para describir la prioridad de los mensajes entradas y salidas de mensajes de radio y describe como el núcleo debe manejar la memoria dinámica.

2.9 Memoria dinámica

Debido al interés de fiabilidad y limitaciones de recurso, los sistemas operativos empotrados para los nodos de sensor no siempre soportan memoria dinámica. Desafortunadamente, los resultados de distribución de memorias estáticas en colas de longitud fija para los peores escenarios y semántica de programa complejos para tareas comunes, tal como pasada un buffer de datos debajo de una pila de protocolos. La memoria dinámica en SOS direcciona estos problemas. También estas eliminan las necesidades para resolver durante la inserción de módulos lo que de otra manera es referencias estáticas a módulos de estados.

SOS usa memoria dinámica con una colección de anotaciones de contabilidad para proporcionar una solución que es eficiente y fácil de depuración. La memoria dinámica en SOS usa la distribución de memoria simple de bloques fijos con tres bloques base de tamaños. La mayor parte de las distribuciones de memoria de SOS, incluyendo cabeceras de mensaje, ajusta en el más pequeño bloquee de tamaño. Los tamaños de bloque más grandes están disponibles para pocas aplicaciones que necesitan mover grandes bloques de memoria continuos, tal como la inserción de módulo. Una lista enlazada de bloques libres para cada tamaño de bloque proporciona duración constante de distribución de memoria y redistribución, reduciendo los costos de usar memoria dinámica. La distribución de memoria suspendida retorna un indicador nulo.

Colas y estructuras de datos en SOS crecen dinámicamente en tiempo de ejecución. El uso y liberación dinámico de la memoria en SOS crea un sistema con memoria temporal efectiva que reutiliza y una habilidad para sintonizar dinámicamente uso de memoria a entornos específicos.

2.10 Programando aplicaciones

Los programadores en C estándar se pueden acomodar fácilmente al entorno de desarrollo debido a que SOS también maneja el estándar de C, por lo que la curva de aprendizaje es menor.

2.11 Razones para usar SOS

- La habilidad para reconfigurar componentes individuales de un sistema desplegado.
- Habilita despliegues de sistema heterogéneos.
- Desarrollo de programas fáciles:
  - Los programas escritos usan código de c estándar y compiladores.
  - Soporte del núcleo para los servicios comunes tales como distribución de memoria dinámica, colección de basura simple, y planificación de prioridad.
- Desarrollo de sistemas verdaderamente modulares.
- El soporte de depuración es en código C estándar
- Soporte para simulación en PCs que usa el *código de* SOS, código compilado para PCs.

2.12 Instalación de SOS en Windows

Para instalar SOS en Windows 7 descargue el instalador de la página web del SOS. https://projects.nesl.ucla.edu/public/sos-2x/doc/downloads.html se recomienda la versión 2.0 estable

Debe descargar de esta página el WinAVR http://winavr.sourceforge.net/ e instalarlo respectivamente

Por último descargue el entorno cygwin del siguiente sitio http://www.cygwin.com/ E instálelo

CAPITULO III

En este capitulo se describirá las funcionalidades del sistema operativo TinyOS y su potencial en la WSN

3. TinyOS

¿Qué es TinyOS?

TinyOS es un sistema operativo basado en eventos, diseñado para ser usado en una red de sensores. Este sistema operativo, se diseño para apoyar las operaciones intensivas de concurrencia exigidas por una red de sensores con requisitos de hardware mínimos

3.1 Planificación en TinyOS

La planificación en TinyOS[9] cuenta con 2 niveles
- Tareas que requieren cálculos
    - o Planificación en la FIFO sin prioridad
    - o Número limitado de tareas pendientes
- Manipulador de eventos concurrentes de flujos de datos
    - o Disparador de interrupciones para eventos de bajo nivel
    - o Adquirir eventos de tareas, no hacer tareas
    - o Eventos que generan señales de eventos, llamada a comandos o tareas posteriores.

3.2 Planificación de tareas

En TinyOS no es posible interrumpir las tareas que están corriendo para correr una tarea prioridad más alta, siempre va ha correr cuando las otras tareas hallan terminado, y no puede adelantarse a ningún otro. Esto ocurre a la terminación, la propiedad de la tarea es bien importante e implica que el sistema operativo solamente necesita una pila sencilla. Porque las tareas no son asignadas y corren has completarse, ellas son atómicas con respecto a cada otra, pero no son atómicas con respecto al manipulador de interrupciones.

El planificador puede ejecutar tareas en cualquier orden, pero debe obedecer a la regla de esperar a que termine. Desde las interrupciones se pueden dar altas prioridades, cualquier tarea de bajo ejecución puede ser asignada por el manipulador de interrupciones.

3.3 Planificación de FIFO

El planificador estándar de TinyOS es un simple planificador de FIFO, utilizando un tamaño limitado fijando la estructura de datos. Dependiendo de los requerimientos de la aplicación, políticas de planificación más sofisticadas (por ejemplo con base a en prioridad con base en terminación de plazos) pueden ser implementadas. Existe un número límite de tareas que pueden asignarse a la cola, y está determinado por el tamaño de la cola. Normalmente, el número de tareas que se asignan a la cola son 7.

3.4 Modelo de Componentes

TinyOS basa su programación en modelo de componentes [10]. TinyOS esta desarrollado en NesC,

- o Arquitectura basada en componentes.

- o Concurrencia en tareas y en eventos:

- o Los componentes utiliza y proporcionar interfaces bidireccionales.

- o Los componentes llaman, ejecutar comandos, señales y manejar eventos.

- o Los componentes manejan los eventos de las interfaces utilizadas y también proporcionan interfaces que debe implementar comandos

3.4.1.1 Tipos de Componentes

.   *En general las componentes se clasifican en una de estas categorías:*

- o *Abstracciones de Hardware*: El RFM detecta las interrupciones del hardware que se transforman en el bit de evento de RX o en el bit TX, dependiendo del modo de operación.

- o *Hardware Sintético*: Los componentes de hardware sintéticos simulan el comportamiento del hardware avanzado. Conceptualmente, este componente es una máquina de estado que podría ser   directamente

30

modelada en el hardware. Desde el punto de vista de los niveles superiores, esta componente provee una interfaz, funcionalmente muy similar a la componente de abstracción de hardware UART: proporcionan los mismos comandos y señalan los mismos eventos, se ocupan de datos del mismo tamaño, e internamente realizan tareas similares (buscando un bit o un símbolo de inicio, realizando una codificación simple, etc.).

o *Componente de alto nivel*: Realizan el control, enrutamientos y toda la transferencia de datos. Un representante de esta clase es el módulo de mensajes ("*messaging module*"). Éste realiza la función de llenar el buffer de los paquetes antes de la transmisión y envía mensajes recibidos a su lugar apropiado. Además, las componentes que realizan cálculos sobre los datos o su agregación, entran en esta categoría.

3.5 Programando en TinyOS

El lenguaje de programación de TinyOS es NesC basado en C, para sistemas embebidos que incluye el manejo de red. Además soporta un modelo de programación que integra el manejo de comunicaciones, las concurrencias que provocan las tareas y eventos y la capacidad de reaccionar frente a sucesos que puedan ocurrir en los ambientes donde se desempeña.

También realiza optimizaciones en la compilación del programa, detectando posibles carreras de datos que pueden ocurrir producto de modificaciones concurrentes a un mismo estado, dentro del proceso de ejecución de la aplicación. Además simplifica el desarrollo de aplicaciones, reduce el tamaño del código, y elimina muchas fuentes potenciales de errores.

Básicamente NesC ofrece:

- Separación entre la construcción y la composición. Hay dos tipos de componentes en NesC [11]: módulos y configuraciones. Los módulos proveen el código de la aplicación, implementando una o más interfaces. Estas interfaces son los únicos puntos de acceso a la componente. Las configuraciones son usadas para unir las componentes entre sí, conectando las interfaces que algunas componentes proveen con las interfaces que otras usan.

- Interfaces bidireccionales: Las interfaces son los accesos a las componentes, conteniendo comandos y eventos, los cuales son los que implementan las funciones. El proveedor de una interfaz implementa los comandos, mientras que el que las utiliza implementa eventos.

- Unión estática de componentes, vía sus interfaces. Esto aumenta la eficiencia en tiempos de ejecución, incrementa la robustez del diseño, y permite un mejor análisis del programa.

- NESC presenta herramientas que optimizan la generación de códigos. Un ejemplo de esto es el detector de "carreras de datos", en tiempo de compilación.

Finalmente y a modo de resumen, mencionamos los principales aspectos que el modelo de programación NesC ofrece y que deben ser entendidos para el entendimiento del diseño con TinyOS: A continuación se presenta un ejemplo del modulo de BlinkM

```
module BlinkM
{
provides {
  interface StdControl;
}
uses {
  interface Timer;
  interface Leds;
}
}
implementation {

  command result_t StdControl.init() {
// inicializa la Leds subcomponente con la llamada a Leds.init ().
  call Leds.init();
  return SUCCESS;
}

  command result_t StdControl.start() {
// Crea  un reloj de repetición que vence cada 1.000 ms. stop ()
//termina el temporizador.
  return call Timer.start(TIMER_REPEAT, 1000) ;
```

```
}

command result_t StdControl.stop() {
  return call Timer.stop();
}
event result_t Timer.fired()
{
  call Leds.redToggle();
  return SUCCESS;
}
}
```

3.6 Modelo de la memoria de TinyOS

- Distribución de memoria estática
  - o No pilas
  - o No funciones de apuntadores
- Variable global
  - o Disponibles sobre frames
- Variables locales
  - o Guardadas en la pila
  - o Declaradas dentro de un método

En la tabla siguiente se puede apreciar la jerarquía y el tamaño en menoría.

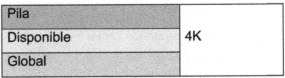

Pila	
Disponible	4K
Global	

Modelo de la memoria en TinyOS

3.7 Razones para elegir TinyOS

- Uso optimo de la memoria
- Eficiencia en el manejo de energía (pone al microcontrolador y al radio a dormir)
- Concurrencia e intensivas operaciones
    - Maneja eventos
    - Eficiencia con las interrupciones y los eventos

3.8 Instalación de TinyOS en Windows

Para instalar TinyOS debe bajar de la página web de TinyOS el instalador se sugiere la versión tinyos- 1.1.15 que es estable
http://www.tinyos.net/download.html

Debe descargar de esta página el WinAVR
http://winavr.sourceforge.net/
E instalarlo respectivamente

Por último descargue el entorno cygwin del siguiente sitio
http://www.cygwin.com/
E instalelo

Instalar Java 1.7 JDK. Se necesita para comunicarse con el nodo desde el PC
http://www.oracle.com/technetwork/java/javase/downloads/index.html

CAPITULO IV

En este capitulo se describirá las funcionalidades del sistema operativo Contiki y su potencial en la WSN.

4. SISTEMA OPERATIVO CONTIKI

El sistema operativo Contiki es un sistema operativo de nodos de sensores con limitaciones de memoria para soportar carga dinámica en tiempo de ejecución de los módulos de código nativo. Contiki está construido alrededor de un núcleo por eventos y tiene requisitos de poca memoria. En Contiki las aplicaciones se ejecutan proto hilos extremadamente ligeros, que proporcionan operaciones de bloqueo en la parte superior del núcleo orientado a eventos con bajo costo de memoria. Este sistema operativo está diseñado para ser altamente portátil y ha sido adaptada a más de diez diferentes plataformas con diferentes arquitecturas de CPU y el uso de diferentes compiladores de C.

El sistema operativo se divide en dos partes: el núcleo y los programas cargables.

- El núcleo consiste en un conjunto de controladores de dispositivos y un conjunto de aplicaciones estándar. Las librerías están en lenguaje C, con una tabla de símbolos.
- Programas cargables: se cargan en la parte superior de la base y no modifican el núcleo. El núcleo no tiene información sobre los

programas cargables, a excepción de la información que los programas cargables registrar explícitamente con el núcleo. Los programas cargables, tienen un conocimiento completo del núcleo y pueden llamar libremente funciones y variables de acceso que se encuentran en el núcleo. Los programas cargables pueden llamarse unos a otros desde el kernel. Los despachos del núcleo y las llamadas de un programa cargado a otro, se hacen buscando al programa de destino en una lista de procesos activos. Esta dependencia de un solo sentido hace que sea posible cargar y descargar programas en tiempo de ejecución sin necesidad de parchear el núcleo y sin la necesidad de un reinicio cuando un módulo ha sido cargado o descargado. El núcleo puede ser remplazado en tiempo de ejecución mediante un programa especial que puede cargarlo, sobrescribirlo y reiniciarlo.

El núcleo Contiki contiene una tabla con los nombres simbólicos de todas las variables visibles desde el exterior, y los nombres de funciones en el núcleo y sus correspondientes direcciones. La tabla incluye no sólo el sistema de Contiki, sino también el lenguaje C con las librerías de en tiempo de ejecución. La tabla de símbolos se utiliza por el enlazador dinámico cuando se enlaza con programas cargados. La tabla de símbolos se crea cuando la imagen binaria del núcleo Contiki se compila. Dado que el núcleo debe contener una tabla de símbolos correcta, esta tabla no puede ser creada antes de que exista el núcleo, debido a que se requiere un proceso de tres pasos para compilar un núcleo con una tabla de símbolos correcta. Para hacer estos pasos el sistema debe realizar las siguientes operaciones:

- o En primer lugar, una imagen principal intermediario con una tabla de símbolos vacía se compila. A partir de la imagen del núcleo intermediario se crea una tabla de símbolos intermediario. La tabla de símbolos intermediario contiene los símbolos correctos de la imagen final del núcleo, pero las direcciones de los símbolos son correctos.

o En segundo lugar, se crea una segunda imagen de núcleo intermediario que incluye la tabla de símbolos intermediario. Esta imagen de núcleo contiene ahora una tabla de símbolos del mismo tamaño que el de la imagen final del núcleo para las direcciones de todos los símbolos en el núcleo que ahora ya estarán en la imagen final del núcleo. La tabla de símbolos final se creó luego de la segunda imagen principal intermediaria. Esta tabla de símbolos contiene tanto los símbolos correctos y sus direcciones correctas.

o En tercer lugar, la imagen del núcleo final con la tabla de símbolos correcta se compila.

El proceso de creación de una imagen central es automatizado a través de un sencillo script. La tabla de símbolos se crea utilizando una combinación de herramientas ELF estándar. Para un sistema típico Contiki, la tabla de símbolos contiene alrededor de 300 entradas que equivale a aproximadamente 4 kilobytes de datos almacenados en la memoria flash ROM.

4.1 Razones para elegir Contiki

Es un sistema operativo de código abierto, se considera que es la base para el internet de las cosas.

El concepto de internet de objetos o internet de las cosas es propuesto en el año de 1998 Kevin Ashton y tiene como finalidad el intercambio de información. El origen del termino deriva de la computación ubicua, el cual fue concebido en Olivetti Research Ltd. y Xerox PARC Laboratory, con el propósito de aumentar el uso de las computadoras haciéndolas disponibles en todo ambiente físico, pero haciéndolas eficazmente invisibles al usuario. También es llamada Pervasive Computing (Chen y Kotz, 2001), siendo Mark Weiser (1991) uno de los principales investigadores que contribuyeron al desarrollo de esta área. La Computación Ubicua se caracteriza por pequeños computadores que se comunican de forma espontánea, que por su pequeño tamaño se integran en casi todos los objetos cotidianos.

El internet de las cosas aún cuenta con grandes desafíos que están intrínsecos en sus tres capas (Hardware, Infraestructura y aplicaciones y servicios, en la figura 2 se puede apreciar las capas básicas

Figura Nro 2. Capas básicas del internet de objetos o de las cosas.

Primer nivel Hardware: Esta capa permite la interconexión de los objetos físicos mediante sensores y tecnologías afines. Los desafíos asociados a esta capa están relacionados con miniaturización, que aunque en la actualidad se cuentan con dispositivos con capacidad de procesamiento, almacenamiento y de conectividad, sus componentes internos deben ser más pequeños y más eficientes. La capacidad de procesamiento se espera que sea más rápida que la actual, haciendo uso de la computación cuántica.

Segundo nivel: Infraestructura corresponde a la capacidad de conectividad para acceso a internet, que en la actualidad se cuenta con redes de 3G y 4G. El gran desafío es conectar billones de dispositivos a la red, para lo cual se requiere la ampliación de los anchos de banda y del espectro electromagnético que es el combustible de las redes inalámbricas. Tal y como esta la infraestructura de telecomunicaciones en la actualidad, no alcanzarían a soportar la inclusión de la gran cantidad de dispositivos electrónicos, por lo tanto es un reto que hay que resolver lo más pronto posible.

Tercer nivel: Aplicaciones y servicios, se dice que es la cada en donde se encuentran las oportunidad para ofrecer un sinnúmero de soluciones que permitan, suministrar y proveer información desde los objetos físicos a los virtuales y a su vez la interacción de las personas, haciéndole la vida más fácil.

De acuerdo a lo anterior estas son razones suficientes para decir que Contiki es una buena opción como sistema operativo para redes de sensores, pero seguido a eso existen otras razones como [12]:
- Estándar de Internet: Soporta IP v6, proporciona una potente comunicación por internet de bajo consumo,
- Selección de Hardware: Corre sobre una gran variedad de dispositivos inalámbricos con limitaciones de consumo de energía.
- Desarrollo rápido de aplicaciones: se pueden desarrollar aplicaciones rápidas y pueden ser emuladas antes de cargarlas al hardware.
- Comunidad activa: Existe una gran cantidad de fabricantes de hardware que respaldan a este sistema operativo alrededor del mundo.

- Código abierto: Lo que significa que cualquiera puede hacerle las mejoras que necesite dependiendo de las necesidades que tenga que resolver.
- Asignación de memoria: está diseñado para sistemas empotrados, con sólo unos pocos kilobytes de memoria disponible. Es altamente eficiente en el manejo de la memoria y proporciona un conjunto de mecanismos de asignación de en bloques.
- Redes IP completas: proporciona una pila completa de red IP, con protocolos IP estándar, como UDP, TCP y HTTP.
- Conciencia energía: Está diseñado para funcionar en sistemas limitados en el consumo: de energía. Este sistema operativo proporciona mecanismos para estimar el consumo de energía del sistema y para entender dónde hubo mayor consumo.
- Carga dinámica de módulos: Este sistema operativo soporta la carga dinámica y la vinculación de módulos en tiempo de ejecución. Resulta ser útil en aplicaciones en las que el comportamiento se destina a ser cambiado después del despliegue. El módulo del cargador de Contiki puede cargar, poner, y vincular archivos ELF.
- Enrutadores soñoliento: Lo enrutadores pueden ser operados con baterías gracias al mecanismo de ciclo de trabajo de radio ContikiMAC que les permite dormir entre cada mensaje transmitido.
- Protohilos: Para ahorrar memoria, además proporcionan un excelente flujo de control en el código, Los protohilos son una combinación de mecanismos de programación multihilo orientado a eventos.
- Shell: proporciona una línea de comandos opcional con un conjunto de comandos que son útiles durante el desarrollo y depuración de los sistemas de Contiki.

- Pruebas de regresión: Se crean simulaciones para asegurarse de que el código de Contiki funciona como se esperaba.

4.2 Ejemplo de código fuente de Contiki

Este es un ejemplo de un Hola Mundo

```
programs look

#include "contiki.h"

#include <stdio.h>

PROCESS(Hola_Mundo, "Proceso Hola Mundo");
AUTOSTART_PROCESSES(&Hola_Mundo);

PROCESS_THREAD(Hola_Mundo, ev, data)
{
  PROCESS_BEGIN();

  printf("Hola Mundo \n");

  PROCESS_END();
}
```

4.3 Instalación de Contiki

Descargue la versión 2.6 de la siguiente url

http://sourceforge.net/projects/contiki/files/Contiki/

CAPITULO V

5. Conclusiones

Vista una breve descripción de los anteriores sistemas operativos para redes de sensores inalámbricos se puede concluir que:

1. TinyOS es el sistema operativo estándar para la redes de sensores inalámbricos, gracias al grueso numero de desarrolladores que trabajan con este sistema, redundando en la gran cantidad de documentación y librerías disponibles para ser usados en el momento que se requiera. En la actualidad existen numerosas organizaciones que están trabajando con este sistema operativo y el resultado de las aplicaciones resultan ser estables. Es decir que TinyOS tiene una madurez que puede servir como referencia en la toma de decisiones para construir redes de sensores inalámbricas eficientes.

2. MANTIS OS, es un sistema operativo maduro, con una comunidad que está trabajando en el. Una de las ventajas de mantis es que utiliza la distribución de memoria dinámica.

3. TinyOS esta programado sobre un lenguaje estático, por lo cual no existen asignaciones de memoria de manera dinámica y los gráficos de llamados quedan totalmente definidos en el tiempo de compilación. Esto facilita enormemente el análisis de programas, y por consiguiente la detección de errores.

4. El modelo de manejo de eventos en la ejecución de TinyOS permite una administración al detalle de la energía, aún permitiendo mantener

toda la flexibilidad que los sistemas de comunicación e interfaces físicas imponen

5. SOS tiene la habilidad para reconfigurar componentes individuales de un sistema desplegado, habilita despliegues de sistema heterogéneos, desarrollo de programas fáciles.

6. SOS es un excelente sistema operativo para redes inalámbricas, pero aun es muy joven y no tiene mucho reconocimiento en el mundo de los desarrolladores de software para WSN.

7. El planificador de MANTIS OS suministran en sus servicios un subconjunto de hilos POSIX, más notablemente en la planificación de hilos por prioridad con semántica de ronda circular (roundrobin) dentro de un nivel de prioridad. Binario (mutex) y semáforos de conteo

8. Contiki es un sistema operativo para sistemas embebidos, con limitaciones de energía y además es robusto para redes de sensores inalámbricos. Este sistema cuenta con características que lo hacen digno del concepto de internet de objeto, porque cuenta con las siguientes propiedades que lo hacen adecuado como además cuenta con : un estándar de Internet con soporta IP v6. e: Corre sobre una gran variedad de dispositivos inalámbricos con limitaciones de consumo de energía. Se hace desarrollo rápido de aplicaciones pueden ser emuladas antes de cargarlas al hardware. Cuenta con comunidad activa de fabricantes de hardware que respaldan a este sistema operativo alrededor del mundo. Es de código abierto, lo que significa que cualquiera puede hacerle las mejoras que necesite

44

dependiendo de las necesidades que tenga que resolver. Cuenta con asignación de memoria: está diseñado para sistemas empotrados, con sólo unos pocos kilobytes de memoria disponible. Es altamente eficiente en el manejo de la memoria y proporciona un conjunto de mecanismos de asignación de en bloques. Trabaja con redes IP completas: proporciona una pila completa de red IP, con protocolos IP estándar, como UDP, TCP y HTTP. Cuenta con conciencia energía, está diseñado para funcionar en sistemas limitados en el consumo: de energía. Posee la capacidad de carga dinámica de módulos, resulta ser útil en aplicaciones en las que el comportamiento se destina a ser cambiado después del despliegue.

9. Una de las grandes ventajas de los sistemas operativos para redes de nodos sensores es que son libres, lo que motiva a que una gran comunidad trabaje en ellos para su mejora.

10. En términos generales los sistemas operativos antes mencionados, cumplen con los requerimientos para redes de sensores inalámbricos. Para tomar la decisión de usar uno u otro sistema operativo se debe tener en cuenta el soporte que este pueda tener. Los expertos recomiendan usar TinyOS gracias a la comunidad de programadores que hay con el mismo y los fabricantes recomiendan dicho sistema operativo. Pero es de recordar que las otras alternativas son muy buenas y eficientes como MANTIS OS o SOS, Contiki entre otros.

CAPITULO VI

En este capitulo se emulara el comportamiento de un sistema empotrado a través de RTLinux, en el cual se plante un problema de monitoreo del nivel de un rio. RTLinux es un sistema operativo de tiempo real de código abierto, en el cual se pueden planificar y ejecutar tareas críticas en tiempo real.

6. Problema a resolver

La propuesta consiste en el monitoreo de niveles de agua de un río, cuyos datos son alojados por el sensor o grupos de sensores al puerto serial de un equipo que tiene una aplicación en RTLinux el cual hace la lectura de los datos y los almacena en una fifo, para que un proceso en Linux la lea y active las alarmas correspondientes según sea el caso. El proceso de la activación de las alarmas se hace en linux, debido a que dada la naturaleza de las variables ambientales no cambian aceleradamente, sino que su cambio se da de forma gradual y por lo tanto no requieren de las exigencias del RTL para su análisis. Para hacer el análisis de los datos, se hace necesario la interoperabilidad de procesos de RT Linux con Linux, mediante el cual se compartirían variables y sincronización de procesos.

Debido a la carencia del sensor que recolecte el dato del nivel se simulará mediante una aplicación en RTLinux que enviará datos por el puerto serial a una aplicación en otra terminal que tiene RTLinux la cual hace lectura del puerto y almacena los datos en un buffer y que posteriormente para efectos de comunicación con la interfaz de Linux son almacenados temporalmente en un buffer para luego ser almacenados en una fifo. El usuario podrá ver el comportamiento del nivel del río a través de una interfaz en Linux y las alarmas correspondientes. Las cuales son Verde para un estado normal, Amarilla para un estado donde el nivel empieza a incrementar, Anaranjada cuando el nivel tiende a subir y Roja cuando el nivel está por encima de los parámetros. En la figura Nro 3 se puede apreciar el esquema de monitoreo.

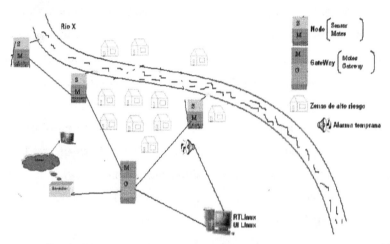

Figura Nro. 3. Funcionamiento del esquema de monitoreo con sensores.

La solución de **un sistema de monitoreo de niveles ríos en tiempo real para la emisión de alertas**, que se plantea es pertinente en muchos aspectos, tomando en primera instancia las potencialidades de un sistema operativo de tiempo real como lo es RT Linux que ofrece un conjunto de funciones y métodos para el tratamiento de procesos que requieran los estrictos cumplimientos de un Sistema de tiempo Real. Por otro lado el asunto del factor económico es relevante, debido a que es un sistema de libre distribución y que no requiere licenciamiento. El desarrollo de soluciones en sistema operativo como este tiene sus grandes bondades, sobre todo en nuestro país donde existen zonas con altos riesgos de desastres naturales y que no cuentan con los recursos necesarios para adquirir un sistema costoso como son los sistemas SCADAS. Las experiencias que se han tenido con RT Linux, a nivel mundial han sido exitosas sobre todo en aquellos sistemas donde se requiere el estricto cumplimiento de las tareas (Sistemas de tiempo real críticos).

Un sistema de monitoreo de ríos en tiempo real en RTLinux, ofrece un número de ventajas tales como la emisión de alertas tempranas las cuales se pueden notificar a través de la implementación de un servicio web, que envié notificaciones a usuarios para los cuales la información sea pertinente tales como los centros de atención y prevención de desastres (Cruz Roja, Hospitales, Defensa Civil, Bomberos, la fuerza publica, entre otros), Este servicio de notificación se puede hacer por múltiples medios como son los e-mail, los faxes, los MSN y cualquier otro medio. Por el momento en la fase de desarrollo solamente se diseñara un módulo que hace la adquisición de datos de los sensores y visualiza en una pantalla las potenciales alertas. Pero a futuro el sistema contará con las capacidades antes mencionadas.

Un sistema como el propuesto tiene sus beneficios cuando el nivel de las aguas crece de forma súbita y sobre todo si es en la noche, donde por lo general las personas se encuentran descansando, e ignoran el potencial peligro que pueden tener a causa del crecimiento del río o cuerpo de agua que tengan cerca.

Se crean 2 aplicaciones en RTLinux, una será la encargada de simular los datos enviados desde un sensor al puerto serial y otra aplicación que se encargará de hacer la lectura de los datos del puerto sería y procesarlos en linux.

6.1 Aplicación que simula el envió de datos de un sensor al puerto serial:

RTLinux:

Se crea una función manejadora de fifos, que se activa cada vez que se hace una escritura de datos en la fifo desde linux. La función cuando recibe los datos mediante el método rtf_get(), los almacena en un buffer de tamaño 2 y queda a la espera a que sea escrito un nuevo dato en la fifo.

Se crea un hilo periódico que escribe el valor del buffer que fue obtenido previamente por la función handler. Este hilo escribe periódicamente los datos al puerto serial, en el caso de que halla ocurrido un suceso en la fifo, es decir un nuevo dato, se enviará el mismo dato hasta que este cambie. Esto se hace con el objeto simular los datos reales que ocurren cuando un sensor hace la medida de una variable ambiental. Por ejemplo si el dato actualizado es 5, ese dato se enviará hasta que halla una nueva modificación del dato.

Linux normal:

Se realiza una aplicación que pide al usuario un valor del nivel en metros y que se envía a una fifo, para que sea leída por RTLinux. El canal de comunicación entre linux y RTLinux es la FIFO. Se hace una verificación en la aplicación linux para ver si se puede acceder la fifo y posteriormente se hace la petición al usuario para que introduzca el valor. Previamente se hace una validación del dato suministrado con el objeto de validar el mismo, es decir evitar de que en vez de números se digiten caracteres alfanuméricos. En el caso de que escriban datos erróneos, se tomaran como un 0.

49

1.1. Aplicación que lee los datos de un sensor desde el puerto serial:

RTLinux:

1. Se creará un hilo que lea desde el puerto serial: La función de este hilo es almacenar en un buffer de tamaño 2 el valor de los datos adquiridos desde el puerto, para ello utiliza el método de lectura del rt_com: rt_com_read(0, buf, sizeof(buf)), donde se le asigna el Nro del puerto que en este caso es el COM1, el buffer que es una variable global y el tamaño del buffer, luego de hacer este proceso se duerme el hilo.

2. Se creará un hilo que escribe en la fifo, los datos que obtuvo el hilo leer_puerto en el buffer, aquí siempre se libera la fifo antes de almacenar los datos, con el objeto de evitar que la fifo se desborde.

3. Se creara un hilo periódico que se encargará de sincronizar y ejecutar el llamado de los 2 hilos antes descrito, primero hace el llamado del hilo que hace la lectura del puerto y seguidamente el hilo que escribe el valor en la fifo.

Tanto el hilo que lee al puerto como el hilo que escribe en la fifo tienen la misma prioridad. Pero como es llamado por el hilo periodico primero se activa uno hace su tarea respectiva, se duerme y luego pasa el otro a hacer su proceso de lectura y se duerme. El mecanismo de comunicación para los procesos en linux y RTLinux es la FIFO.

Linux normal:

Se realiza una aplicación que lee los datos de una fifo que es alimentada desde un hilo en RTLinux, de acuerdo el valor obtenido se hace la evaluación y se determina el valor del nivel y la alarma correspondiente al nivel. El usuario puede ver en la pantalla el nivel del agua y la alarma respectiva, Verde si la escala es de 1 a 5, Amarilla si es de 6 a 7, Anaranjada si es de 8 a 10 y Roja si es de 11 o más. En el eventual caso de que se obtenga valores de 0, indicará que existe un error al leer el sensor.

6.2 *Implementación de la solución*

La metodología para la adquisición de los datos del puerto serial es la siguiente:

Para adquirir datos del puerto serial en RTLinux, se hace necesario instalar un driver para manejar el puerto serial, para ello se requiere que inicialmente se instale el rt_com que es una librería especialmente diseñada para la adquisición de los datos desde el puerto serial

Para instalar el rt_com en RTLinux se deben obtener los siguientes archivos

(rt com.h, rt com.c, rt comP.h)

Para ello se debe ingresar a esta página web http://www-public.rz.uni-duesseldorf.de/%7Ejochen/computer/software/rt_com/

Luego de descargar el archivo se procede a su respectiva instalación

Para instalar se debe ejecutar la siguiente instrucción

- make install
- Luego make tests

El paso siguiente es deshabilitar el control del puerto de Linux de esta forma

```
setserial /dev/ttyS0 uart none

luego
insmod rt_com.o
```

Por lo general este par de instrucciones se escribe en el MakeFile de la aplicación RTLinux que se valla a ejecutar.

Con todo este procedimiento ya quedo habilitado el módulo de rt_com para su uso.

Los métodos utilizados para acceder al puerto serial son:

void rt_com_setup(unsigned int com, unsigned baud, unsigned parity, unsigned stopbits, unsigned wordlength)

donde:

- unsigned int com, corresponde al Nro del Puerto que puede ser (0,1,2..), donde 0 es el COM1
- unsigned baud, corresponde a los bits de transferencia que pueden ser:

    /* 0x01 = 115,200 BPS */

    /* 0x02 = 56,700 BPS */

    /* 0x06 = 19,200 BPS */

/* 0x0C = 9,600 BPS */

/* 0x18 = 4,800 BPS */

/* 0x30 = 2,400 BPS */

El valor por defecto es de 38.400BPS

- unsigned parity, para el caso es RT_COM_PARITY_NONE
- unsigned stopbits, igual a 1
- unsigned wordlength, igual a 8

rt_com_setup, se utiliza par configurar el puerto esto se lleva a cabo en el init_module, y el método para adquirir los datos es el **int rt_com_read(unsigned int com, char *buf, int cnt)** cuyos parámetros son los siguientes:

- unsigned int com, corresponde al Nro del Puerto que puede ser (0,1,2..),
- char *buf, es el buffer donde se cargaran los datos
- int cnt, es el tamaño del buffer

6.3 Desarrollo de las aplicaciones:

Aplicación en RTLinux para simular el envió de los datos del sensor al puerto serial:

- **Función Leer_handlerfifo**

  Esta función se activa cada vez que se hace una escritura de datos en la fifo desde linux. La función cuando recibe los datos mediante el método rtf_get(), los almacena en un buffer de tamaño 2 y queda a la espera a que sea escrito un nuevo dato en la fifo. Para hacer uso de esta función previamente se ha debido crear mediante el método rtf_create_handler en el init_module, cuyos parámetros son: el valor de la fifo y el nombre de la función que se implemento que es de tipo int.

```
int Leer_handlerfifo()
{
    rtf_get(0, &dato, sizeof(dato));
    sprintf(buf,"%d",dato);
    rtl_printf("El valor recibido desde linux
fue: %d \n",dato);
    return 0;
}
```

- **Hilo periódico Ciclo:** Su función es la de enviar periódicamente los datos del buffer que fue obtenido previamente por la función Leer_handlerfifo al puerto serial, y se duerme hasta el próximo ciclo.

```
void * ciclo (void *arg)
    {

    struct sched_param p;
    p . sched_priority = 1; // minpri =0,
maxpri =10000
    pthread_setschedparam (pthread_self(),
SCHED_FIFO, &p);
    //en las anteriores ubicamos nuestro
ejecutivo en el sistema operativo
    //de la maquina. En una aplicaci¢n
empotrada esto no se haria

    pthread_make_periodic_np
(pthread_self(), gethrtime(), 700000000);
    //en la anterior creamos la
periodicidad de nuestro ejecutivo
    //con un periodo de 700 mseg.

    while (1) {

        pthread_wait_np();    //el
```

```
despachador se suspende hasta el siguiente
periodo

    rt_com_write(0, buf, sizeof(buf));


    } //fin del while
    return 0;
}
```

- **Init_module:** Aquí se inicializa la fifo que se va ha utilizar como mecanismo de comunicación entre un proceso linux y la función manejadora de rtlinux, de inicializa el puerto de comunicación del rt_com_setup.

```
int init_module(void){

    rtf_destroy(0);
    rtf_create(0,4000);
    rt_com_setup(0, 9600,
RT_COM_PARITY_NONE, 1, 8);
    pthread_create (&aciclo, NULL, ciclo,
0);

    //Manejadores de FIFOS
    rtf_create_handler(0,
&Leer_handlerfifo);
    return 0;
}
```

- **cleanup_module:** Libera los recursos

```
void cleanup_module(void){
    rtf_destroy(0);
    rt_com_setup(0, -1, 0, 0, 0);
    pthread_delete_np (aciclo);

}
```

6.4 Aplicación en Línux que envía los valores obtenidos por consola a una fifo para que RTLinux la transmita por el puerto serial.

La aplicación que pide al usuario un valor del nivel en metros y que se envía a una fifo, para que sea leída por RTLinux. El canal de comunicación entre linux y RTLinux es la FIFO. Se hace una verificación en la aplicación linux para ver si se puede acceder la fifo y posteriormente se hace la petición al usuario para que introduzca el valor. Previamente se hace una validación del dato suministrado con el objeto de validar el mismo, es decir evitar de que en vez de números se digiten caracteres alfanuméricos. En el caso de que escriban datos erróneos, se tomaran como un 0.

Aplicación mtlinux.c

```c
#include <stdio.h>       /* fprintf */
#include <stdlib.h>      /* exit */
#include <sys/types.h>   /* open */
#include <fcntl.h>       /* open */
#include <unistd.h>      /* close */
#include <errno.h>
#include <sys/time.h>
#include <sys/ioctl.h>
#include <sys/stat.h>    /* mknod */
#include <linux/stat.h>

int main()
{
    int fd0;
    int dato=0;
    int tmp=0;
    char msj[100];//Para almacenar Msj

    if ((fd0 = open("/dev/rtf0", O_WRONLY)) < 0)
{
//   printf("\33[41;5;37m");
```

```
            fprintf(stderr, "Error Abriendo
/dev/rtf0\n");
        exit(1);
    }


    while(dato!=99){
            system("clear");
        printf("INICIO DE LA APLICACION  \n");
        printf("Para terminar  desde linux
ingrese [99]\n");

        printf("-------------------------------
------------------->\n");
        printf("Ultimo dato enviado %d \n",dato);

        printf("Ingrese el valor del nivel del
agua en mts: ");
        scanf("%s",&msj);
        dato=atoi(msj);
        tmp=dato;
        if (tmp<99)
                write(fd0, &dato, sizeof(dato));

        else
        {
          tmp=0;
          write(fd0, &tmp, sizeof(tmp));

        }


    }
    close(fd0);
    printf("Fin de la apliacion en Linux\n");
    return 0;}
```

- Para correr la aplicación se hace necesario seguir los siguientes pasos:
- Abra 2 sesiones.
- En la primera sesión escriba la siguiente instrucción
- gcc mtlinux..c –o run, para compilar y crear un ejecutable
- luego valla a la sesiön 2 y haga lo siguiente:
- primero escriba make clean

- luego make test
- a continuación regrese a la sesión uno y escriba
./run

6.5 Aplicación que lee los datos de un sensor desde el puerto serial en RTLinux:

Para adquirir los datos desde el puerto serial se desarrollo una aplicación con tres hilos uno periódico que activa los hilos de lectura del puerto serial y escritura de la fifo.

Descripción de los hilos:

- **hilo leer_puerto**

La función de este hilo es cagar en un buffer global de tamaño 2100, con el objeto de que cargue los datos adquiridos desde el puerto, para ello utiliza el método de lectura del rt_com   asig rt_com_read(0, buf, sizeof(buf)), donde se le asigna el Nro del puerto que en este caso es el COM1, el buffer que es una variable global y el tamaño del buffer, luego de hacer este proceso se duerme.

```
void * leer_puerto (void *arg)
{
   struct sched_param p;
      p . sched_priority = 2; // minpri =0, maxpri =10000
      pthread_setschedparam (pthread_self(), SCHED_FIFO, &p);

      while (1) {
      pthread_suspend_np(pthread_self());    //el despachador se
suspende hasta el siguiente periodo

      rt_com_read(0, buf, sizeof(buf));
      }
```

```
        return 0;
}
```

- **Hilo escribir_fifo** : La función es escribir los datos que obtuvo el hilo leer_puerto en el buffer, aquí siempre se libera la fifo antes de almacenar los datos, con el objeto de evitar que la fifo se desborde.

```
void * escribir_fifo (void *arg)
{
   struct sched_param p;
      p . sched_priority = 2; // minpri =0, maxpri =10000
      pthread_setschedparam (pthread_self(), SCHED_FIFO,
&p);

      while (1) {
      pthread_suspend_np(pthread_self());    //el despachador se
suspende hasta el siguiente periodo

   //sprintf(CadenaTxA,"%d",Leido);
//    rtl_printf("El dato enviado desde rt linux fue %s \n",buf);
      rtf_flush(1); // Vaciar la FIFO

      rtf_put(1, &buf, sizeof(buf));
//    rtl_printf("Fin del envio \n");
      }
      return 0;
}
```

- **Hilo ciclo: Es** un hilo periódico se activa con una periodicidad de cada 700msg, cuya función básica es la de sincronizar los hilos de lectura del puerto y escritura de la fifo. Cuando el hilo termina de procesar se duerme hasta el próximo periodo

```
void * ciclo (void *arg)
      {
   struct sched_param p;
```

```
            p . sched_priority = 1; // minpri =0, maxpri =10000
            pthread_setschedparam (pthread_self(), SCHED_FIFO,
&p);

            pthread_make_periodic_np (pthread_self(), gethrtime(),
700000000);
            periodo de 700 mseg.


            while (1) {

                 pthread_wait_np();  //el despachador se suspende hasta
el siguiente periodo

//                           rtl_printf("Inicio del ciclo 1\n");

                           pthread_wakeup_np(read_port);
            //llamamos al proceso que lee del puerto
                           pthread_wakeup_np(write_fifo);
            //llamamos al proceso que escribe en la fifo




            } //fin del while
            return 0;
}
```

- **init_modulo:** se hacen las siguientes operaciones:

Primero se destruye la fifo 1 para evitar de que cuando se corra nuevamente está exista. Luego se crea y se le asigna un tamaño de 1000. Se inicializa el driver de lectura del puerto serial
Asi: rt_com_setup(0, 9600, RT_COM_PARITY_NONE, 1, 8);

Y finalmente se crean los hilos correspondientes

```
int init_module(void) {
int valor;
    rtf_destroy(1);
     rtf_create(1,1000);//CREA LA FIFO
     rt_com_setup(0, 38400, RT_COM_PARITY_NONE, 1, 8);
```

```
        pthread_create (&read_port,NULL,leer_puerto,0);
        pthread_create (&write_fifo, NULL, escribir_fifo, 0);
        valor= pthread_create (&aciclo, NULL, ciclo, 0);

return valor;
}
```

Para terminar en el cleanup_module se libera la fifo, el puerto y los
hilos

```
void cleanup_module(void) {
    rt_com_setup(0, -1, 0, 0, 0);
      rtf_destroy(1);
      pthread_delete_np (read_port);
      pthread_delete_np (write_fifo);
      pthread_delete_np (aciclo);

}
```

6.6 *Aplicación en Linux que visualiza las alertas*

La aplicación en linux, básicamente lo que hace es hacer lectura del la
fifo de RTLinux, si puede acceder permite que se visualicen los datos y
si por el contrario no puede acceder envía un mensaje donde informa
que no se pudo acceder a la fifo. De acuerdo el valor obtenido se hace
la evaluación y se determina el valor del nivel y la alarma
correspondiente al nivel. El usuario puede ver en la pantalla el nivel del
agua y la alarma respectiva, Verde si la escala es de 1 a 5, Amarilla si
es de 6 a 7, Anaranjada si es de 8 a 10 y Roja si es de 11 o más. En el
eventual caso de que se obtenga valores de 0, indicará que existe un
error al leer el sensor.

El código de la aplicación linux es la siguiente:

```c
#include <stdio.h>
#include <errno.h>
#include <sys/time.h>
#include <sys/types.h>
#include <fcntl.h> //para open
#include <unistd.h>
#include <sys/ioctl.h>
#include <sys/stat.h> //para mknod
#include <stdlib.h>
#include <linux/stat.h>
const alertVE_min=1;
const alertVE_max=4;
const alertAM_min=5;
const alertAM_max=8;
const alertNA_min=6;
const alertNA_max=10;
const alertRO_min=11;


void alerta_verde(int level)
{
    int i=0;
    system("clear");
    printf("\33[0;1;37m");

    printf("                              ESTADO
NORMAL\n");
    printf("                         EL NIVEL ACTUAL
DEL RIO ES: %d mts \n",level);

    for (i=1;i<=level;i++)
    printf("                         ------------------
-------------------\n",level);



}
void alerta_amarilla(int level)
{
    int i=0;
    system("clear");
    printf("\33[1;33m");


```

62

```c
    printf("                          ALERTA
AMARILLA\n");
    printf("                    EL NIVEL ACTUAL
DEL RIO ES: %d mts \n",level);

    for (i=1;i<=level;i++)
    printf("                          ----------------
------------------\n",level);


}

void alerta_naranja(int level)
{
    int i=0;
    system("clear");
    printf("\33[1;31m");


    printf("                          ALERTA
NARANJA\n");
    printf("                    EL NIVEL ACTUAL
DEL RIO ES: %d mts \n",level);
    for (i=1;i<=level;i++)
    printf("                          ----------------
------------------\n",level);

}

void alerta_roja(int level)
{
    int i=0;
    system("clear");
    printf("\33[5;37m");

    printf("                          ALERTA
ROJA\n");
    printf("                    EL NIVEL ACTUAL
DEL RIO ES: %d mts\n",level);
    if (level<=20)
    {
        for (i=1;i<=level;i++)
        printf("                          ---------------
--------------------\n",level);
```

```
        }
    else
    {
      for (i=1;i<=20;i++)
      printf("                          ---------------
--------------------\n",level);
      printf("                          MAXIMA ALERTA
\n",level);


    }
}

void error_lectura()
{
    printf("                            ERROR DE
LECTURA DEL SENSOR\n");



}


int main ()
{
  int fd1
;
  char buf[2]; //PARA ALMACENAR EL MENSAJE
  int valor=0;


//LEEMOS EN LA FIFO  PARA SABER EL NIVEL DEL RIO
  if ((fd1 = open("/dev/rtf1", O_RDONLY)) < 0) {
      fprintf(stderr, "NO SE PUDO ABRIR LA FIFO
/dev/rtf1\n");
      exit(1);
    }

  while(1)

  {
      read(fd1,&buf,sizeof(buf));
          valor =atoi(buf);

      if  (valor==0)
      error_lectura();
```

```
        if  (valor>0 && alertVE_max<=4)
          alerta_verde(valor);

        if  (valor>alertAM_min && valor<=alertAM_max)
          alerta_amarilla(valor);

        if  (valor>alertNA_min && valor<=alertNA_max)
          alerta_naranja(valor);

        if  (valor>=alertRO_min)
          alerta_roja(valor);

  }///while
  //CERRAMOS LA FIFO
  close(fd1);
  return 0;
}
```

Para correr la aplicación se hace necesario seguir los siguientes pasos:
- Abra una 2 sesiones.
- En la primera sesión escriba la siguiente instrucción
- gcc read_linux.c –o run
- luego valla a la sesiön 2 y haga lo siguiente:
- primero escriba make clean
- luego make test
- a continuación regrese a la sesión uno y escriba
- /run

REFERENCIAS

[1] MICA2 http://www.xbow.com/Products/productdetails.aspx?sid=174 , Mayo de 2007

[2] SPI. H. Abrach, J. Carlson, H. Dai, J. Rose, A. Sheth, B. Shucker, and R. Han. MANTIS: System Support For MultimodAl NeTworks of In-situ Sensors. Pag 4. Universidad de Colorado. Abril de 2003

[3] Álvaro Rendón Gallón. Planificación de Tareas. Universidad del Cauca. Noviembre de 2006

[4] S. Bhatti, J. Carlson, H. Dai, J. Deng, J. Rose, A. Sheth, B. Shucker, C. Gruenwald, A. Torgerson, R. Han. MANTIS OS: An Embedded Multithreaded Operating System for Wireless Micro Sensor Platforms. Universidad de Colorado. Agosto de 2005.

[5] J. Polastre, J. Hill and D. Culler. Versatile Low Power Media Access for Wireless Sensor Networks. Universidad de Berkely. Marzo de 2007

[6] Networked & Embedded Systems Laboratory (NESL). http://nesl.ee.ucla.edu/.

[7] Gaurav Mathur. TinyOS and SOS Tutorial. Universidad de Massachussets Amherst.

[8] C. Han, R. Kumar, R. Shea, E. Kohler, M. Srivastava A Dynamic Operating System for Sensor Nodes. Universidad de California.

[9] Claudio Cordino. Scheduling in TinyOS. University of Pisa http://72.14.205.104/search?q=cache:7BEaoVV3Z0QJ:www.di.unipi.it/~scordino/tinyos_scheduling.ps.gz+scheduling+of+tinyOS&hl=es&ct=clnk&cd=1&gl=co . mayo de 2007

[10] Philip Levis TinyOS Programming. Universidad de Stanford. Junio de 2006

[11] Bill Maurer. Introduction to TinyOS and nesC Programming. DSP Labs. Livermore Ca.

[12] Razones para optar por Contiki http://www.contiki-os.org/

Recursos Web

MANTIS Instalación

http://mantis.cs.colorado.edu/index.php/tiki-read_article.php?articleId=5

MANTIS OS home page

http://mantis.cs.colorado.edu/index.php/tiki-index.php?page=HomePage

SOS home page

https://projects.nesl.ucla.edu/public/sos-2x/doc/index.html

WinAVR

http://winavr.sourceforge.net/

Cygwin

http://www.cygwin.com/

Sun JDK 1.7

http://java.sun.com/javase/downloads/index_jdk5.jsp

Embedded.starpagina.be

http://embedded.startpagina.be/

Documentación de TinyOS

http://www.tinyos.net/tinyos-1.x/doc/tutorial/

Contilki

http://www.contiki-os.org/download.html

yes

I want morebooks!

Buy your books fast and straightforward online - at one of world's fastest growing online book stores! Environmentally sound due to Print-on-Demand technologies.

Buy your books online at
www.morebooks.shop

¡Compre sus libros rápido y directo en internet, en una de las librerías en línea con mayor crecimiento en el mundo! Producción que protege el medio ambiente a través de las tecnologías de impresión bajo demanda.

Compre sus libros online en
www.morebooks.shop

info@omniscriptum.com
www.omniscriptum.com

www.ingramcontent.com/pod-product-compliance
Lightning Source LLC
LaVergne TN
LVHW042347060326
832902LV00006B/438